SONETOS DE AMOR
& DESAMOR

www.lpm.com.br

L&PM POCKET

COLEÇÃO 96 PÁGINAS

Coleção **L&PM** POCKET, vol. 1095

Texto de acordo com a nova ortografia.

Primeira edição na Coleção **L&PM** POCKET: julho de 2016

Edição: Ivan Pinheiro Machado
Notas: Sergio Faraco
Capa: Ivan Pinheiro Machado
Revisão: L&PM Editores

CIP-Brasil. Catalogação na Fonte
Sindicato Nacional dos Editores de Livros, RJ

S683

Sonetos de amor & desamor / [organização Ivan Pinheiro Machado]. – Porto Alegre, RS: L&PM, 2016.
  96 p.; 18 cm.   (Coleção L&PM POCKET; v. 1095)

  ISBN 978-85-254-2859-2

  1. Poesia brasileira. 2. Poesia portuguesa. I. Machado, Ivan G. Pinheiro. II. Série.

13-1677.   CDD: 869.91
                            CDU: 821.134.3(81)-1

© desta edição, L&PM Editores, 2013

Todos os direitos desta edição reservados a L&PM Editores
Rua Comendador Coruja, 314, loja 9 – Floresta – 90220-180
Porto Alegre – RS – Brasil / Fone: 51.3225.5777

Pedidos & Depto. comercial: vendas@lpm.com.br
Fale conosco: info@lpm.com.br
www.lpm.com.br

Impresso na Gráfica e Editora Pallotti, Santa Maria, RS, Brasil
Inverno de 2016

Amor & desamor

Uma grande parte dos sonetos incluídos nesta edição foram garimpados criteriosamente pelo escritor Sergio Faraco, que os editou nos volumes *Livro dos sonetos*, *Livro do corpo*, *Livro das cortesãs*, *Livro dos bichos*, *Livro dos desaforos*, além do inédito *Cinco séculos de amor*. Também foram selecionados poemas de *Espumas flutuantes* de Castro Alves, *Poesia de Florbela Espanca* (vol. 1 e 2), *Alceu Wamosy – poesia completa* (Ed. Instituto Estadual do Livro do RS), *Eu e outras poesias* de Augusto dos Anjos, *O delírio amoroso e outros poemas* de Bocage, *200 sonetos* de Camões, *Antologia poética* de Olavo Bilac. Com exceção da obra de Alceu Wamosy, todos os outros livros citados foram publicados pela L&PM Editores em suas várias divisões, como Série Ouro e **L&PM** POCKET.

Este pequeno volume reúne versos de grandes autores da língua portuguesa, que souberam, como poucos, celebrar o amor e chorar o desamor.

Ivan Pinheiro Machado

Amor é um fogo que arde sem se ver

Luís de Camões

Amor é um fogo que arde sem se ver;
é ferida que dói e não se sente;
é um contentamento descontente;
é dor que desatina sem doer;

é um não querer mais que bem querer;
é solitário andar por entre a gente;
é um não contentar-se de contente;
é cuidar que se ganha em se perder;

é um estar-se preso por vontade;
é servir a quem vence o vencedor;
é um ter com quem nos mata lealdade.

Mas como causar pode o seu favor
nos mortais corações conformidade,
sendo a si tão contrário o mesmo amor?

☆ *Lisboa, Portugal, 1524*
✞ *Lisboa, Portugal, 1580*

Versos Íntimos

Augusto dos Anjos

Vês! Ninguém assistiu ao formidável
Enterro de tua última quimera.
Somente a Ingratidão – esta pantera –
Foi tua companheira inseparável!

Acostuma-te à lama que te espera!
O Homem, que, nesta terra miserável,
Mora entre feras, sente inevitável
Necessidade de também ser fera.

Toma um fósforo. Acende teu cigarro!
O beijo, amigo, é a véspera do escarro,
A mão que afaga é a mesma que apedreja.

Se a alguém causa inda pena a tua chaga,
Apedreja essa mão vil que te afaga,
Escarra nessa boca que te beija!

Pau d'Arco – 1901.

☆ *Cruz do Espírito Santo/PB, 1884*
✝ *Leopoldina/MG, 1914*

Amar

Florbela Espanca

Eu quero amar, amar perdidamente!
Amar só por amar: aqui... além...
mais este e aquele, o outro e toda a gente...
Amar! Amar! E não amar ninguém!

Recordar? Esquecer? Indiferente!
Prender ou desprender? É mal? É bem?
Quem disse que se pode amar alguém
durante a vida inteira é porque mente.

Há uma primavera em cada vida:
é preciso cantá-la assim florida,
pois se Deus nos deu voz foi pra cantar.

E se um dia hei de ser pó, cinza e nada
que seja a minha noite uma alvorada,
que me saiba perder... pra me encontrar...

☆ *Vila Viçosa – Alentejo, Portugal, 1894*
☗ *Matosinhos – Douro, Portugal, 1930*

Falando com Deus

Jerônimo Baía

Só vos conhece, amor, quem se conhece,
só vos entende bem quem bem se entende,
só quem se ofende assim não vos ofende,
e só vos pode amar quem se aborrece.

Só quem se mortifica em vós floresce,
só é senhor de si quem se vos rende,
só sabe pretender quem vos pretende,
e só sobe por vós quem por vós desce.

Quem tudo por vós perde tudo ganha,
pois tudo quanto há tudo em vós cabe;
ditoso quem no vosso amor se inflama,

pois faz troca tão alta e tão estranha,
mas só vos pode amar o que vos sabe,
só vos pode saber o que vos ama.

☆ *Coimbra, Portugal, 1628?*
✝ *São Romão de Neiva – Minho, Portugal, 1688*

Via Láctea

Olavo Bilac

XIII

"Ora (direis) ouvir estrelas! Certo
Perdeste o senso!" E eu vos direi, no entanto,
Que, para ouvi-las, muita vez desperto
E abro as janelas, pálido de espanto...

E conversamos toda a noite, enquanto
A Via Láctea, como um pálio aberto,
Cintila. E, ao vir do sol, saudoso e em pranto,
Inda as procuro pelo céu deserto.

Direis agora: "Tresloucado amigo!
Que conversas com elas? Que sentido
Tem o que dizem, quando estão contigo?"

E eu vos direi: "Amai para entendê-las!
Pois só quem ama pode ter ouvido
Capaz de ouvir e de entender estrelas."

☆ *Rio de Janeiro/RJ, 1865*
✝ *Rio de Janeiro/RJ, 1918*

Soneto

Filinto Elísio

Uns lindos olhos, vivos, bem rasgados,
um garbo senhoril, nevada alvura,
metal de voz que enleva de doçura,
dentes de aljôfar, em rubi cravados.

Fios de ouro, que enredam meus cuidados,
alvo peito, que cega de candura,
mil prendas; e (o que é mais que formosura)
uma graça, que rouba mil agrados.

Mil extremos de preço mais subido
encerra a linda Márcia, a quem ofereço
um culto, que nem dela inda é sabido.

Tão pouco de mim julgo que a mereço,
que enojá-la não quero de atrevido
com as penas que por ela em vão padeço.

☆ *Lisboa, Portugal, 1734*
✝ *Paris, França, 1819*

Ninguém nas asas da mais leve aragem

Adélia Fonseca

Ninguém nas asas da mais leve aragem
a ti enviou lembranças tão saudosas;
ninguém horas passou tão deleitosas
de amor te ouvindo a férvida linguagem;

ninguém da tua vida na passagem
semeou, sem espinhos, tantas rosas;
ninguém te diz palavras tão mimosas,
contra o peito estreitando tua imagem;

ninguém de alma te deu mais lindas flores,
nem tanto desejou como eu desejo,
delas, tão puras, conservar as cores;

niguém sabe beijar, como eu te beijo;
ninguém assim por ti morre de amores;
ninguém sabe te ver, como eu te vejo.

☆ *Salvador/BA, 1827*
✟ *Rio de Janeiro/RJ, 1920*

Ai Nise amada...

Cláudio Manuel da Costa

Ai Nise amada! se este meu tormento,
se estes meus sentidíssimos gemidos
lá no teu peito, lá nos teus ouvidos
achar pudessem brando acolhimento;

como alegre em servir-te, como atento
meus votos tributara agradecidos!
Por séculos de males bem sofridos
trocara todo o meu contentamento.

Mas se na incontrastável pedra dura
de teu rigor não há correspondência
para os doces afetos de ternura,

cesse de meus suspiros a veemência;
que é fazer mais soberba a formosura
adorar o rigor da resistência.

☆ *Ribeirão do Carmo – Mariana/MG, 1729*
✝ *Vila Rica – Ouro Preto/MG, 1789*

Já, Marfiza cruel, me não maltrata

Basílio da Gama

Já, Marfiza cruel, me não maltrata
saber que usas comigo de cautelas,
que inda te espero ver, por causa delas,
arrependida de ter sido ingrata.

Com o tempo, que tudo desbarata,
teus olhos deixarão de ser estrelas;
verás murchar no rosto as faces belas,
e as tranças de ouro converter-se em prata.

Pois se sabes que a tua formosura
por força há de sofrer da idade os danos,
por que me negas hoje esta ventura?

Guarda para seu tempo os desenganos,
gozemo-nos agora, enquanto dura,
já que dura tão pouco a flor dos anos.

☆ *São José do Rio das Mortes/MG, 1741*
✝ *Lisboa, Portugal, 1795*

Eu vi a linda Jônia...

Alvarenga Peixoto

Eu vi a linda Jônia e, namorado
fiz logo eterno voto de querê-la;
mas vi depois a Nise, e é tão bela
que merece igualmente o meu cuidado.

A qual escolherei, se neste estado
eu não sei distinguir esta daquela?
Se Nise agora vir, morro por ela,
se Jônia vir aqui, vivo abrasado.

Mas ah! que esta me despreza, amante,
pois sabe que estou preso em outros braços,
e aquela não me quer, por inconstante.

Vem, Cupido, soltar-me desses laços:
ou faze desses dois um só semblante,
ou divide o meu peito em dois pedaços!

☆ *Rio de Janeiro/RJ, 1744*
✟ *Ambaca, Angola, 1792*

Se tu viesses ver-me...

Florbela Espanca

Se tu viesses ver-me hoje à tardinha,
A essa hora dos mágicos cansaços,
Quando a noite de manso se avizinha,
E me prendesses toda nos teus braços...

Quando me lembra: esse sabor que tinha
A tua boca... o eco dos teus passos...
O teu riso de fonte... os teus abraços...
Os teus beijos... a tua mão na minha...

Se tu visses quando, linda e louca,
Traça as linhas dulcíssimas dum beijo
E é seda vermelha e canta e ri

E é como um cravo ao sol a minha boca...
Quando os olhos se me cerram de desejo...
E os meus braços se estendem para ti...

☆ *Vila Viçosa – Alentejo, Portugal, 1894*
✟ *Matosinhos – Douro, Portugal, 1930*

ENGANEI-ME, ENGANEI-ME – PACIÊNCIA

Tomás Antônio Gonzaga

Enganei-me, enganei-me – paciência!
Acreditei as vozes, cri, Ormia,
que a tua singeleza igualaria
à tua mais que angélica aparência.

Enganei-me, enganei-me – paciência!
Ao menos conheci que não devia
pôr nas mãos de uma externa galhardia
o prazer, o sossego e a inocência.

Enganei-me, cruel, com teu semblante,
e nada me admiro de faltares,
que esse teu sexo nunca foi constante.

Mas tu perdeste mais em me enganares:
que tu não acharás um firme amante,
e eu posso de traidoras ter milhares.

☆ *Porto, Portugal, 1744*
✟ *Ilha de Moçambique, 1810*

Retratar a tristeza...

Marquesa de Alorna

Retratar a tristeza em vão procura
quem na vida um só pesar não sente,
porque sempre vestígios de contente
hão de surgir por baixo da pintura;

porém eu, infeliz, que a desventura
o mínimo prazer me não consente,
em dizendo o que sinto, a mim somente
parece que compete esta figura.

Sinto o bárbaro efeito das mudanças,
dos pesares o mais cruel pesar,
sinto do que perdi tristes lembranças;

condenam-me a chorar, e a não chorar,
sinto a perda total das esperanças,
e sinto-me morrer sem acabar.

☆ *Lisboa, Portugal, 1750*
✝ *Lisboa, Portugal, 1839*

Socorrei-me, Senhor...

Santa Rita Bastos*

Socorrei-me, Senhor! Quebrai piedoso
minhas algemas, cheias de dureza!
Se meu crime provém da natureza,
quem de ser deixará réu, criminoso?

Davi, que foi tão rico e venturoso,
por Betsabé caiu na vil fraqueza;
Sansão, perdendo o brio e a fortaleza,
ao orbe deu exemplo lastimoso.

Vede Jacó, retido em cativeiro
pela gentil Raquel; vede Susana;
vede afinal, Senhor, o mundo inteiro!

Desculpa tenho na paixão insana:
que ou mandasse-me o céu o ser primeiro,
ou fizesse de ferro a carne humana.

☆ *Salvador/BA, 1785*
✝ *Salvador/BA, 1846*

---

* Frei Francisco Xavier de Santa Rita Bastos Baraúna.

Alma minha gentil que te partiste

Luís de Camões

Alma minha gentil, que te partiste
tão cedo desta vida descontente,
repousa lá no céu eternamente
e viva eu cá na terra sempre triste.

Se lá no assento etéreo, onde subiste,
memória desta vida se consente,
não te esqueças daquele amor ardente
que já nos olhos meus tão puro viste.

E se vires que pode merecer-te
alguma coisa a dor que me ficou
da mágoa, sem remédio, de perder-te,

roga a Deus que teus anos encurtou,
que tão cedo de cá me leve a ver-te,
quão cedo de meus olhos te levou.

☆ *Lisboa, Portugal, 1524*
✝ *Lisboa, Portugal, 1580*

Formosa

Maciel Monteiro

Formosa, qual pincel em tela fina
debuxar jamais pôde ou nunca ousara;
formosa, qual jamais desabrochara
na primavera rosa purpurina;

formosa, qual se a própria mão divina
lhe alinhara o contorno e a forma rara;
formosa, qual jamais no céu brilhara
astro gentil, estrela peregrina;

formosa, qual se a natureza e a arte,
dando as mãos em seus dons, em seus lavores,
jamais soube imitar no todo ou parte;

mulher celeste, ó anjo de primores!
Quem pode ver-te, sem querer amar-te?
Quem pode amar-te, sem morrer de amores?

☆ *Recife/PE, 1804*
✝ *Lisboa, Portugal, 1868*

No Cárcere

Olavo Bilac

Por que hei de, em tudo quanto vejo, vê-la?
Por que hei de eterna assim reproduzida
Vê-la na água do mar, na luz da estrela,
Na nuvem de ouro e na palmeira erguida?

Fosse possível ser a imagem dela
Depois de tantas mágoas esquecida!...
Pois acaso será, para esquecê-la,
Mister e força que me deixe a vida?

Negra lembrança do passado! lento
Martírio, lento e atroz! Por que não há de
Ser dado a toda a mágoa o esquecimento?

Por quê? Quem me encadeia sem piedade
No cárcere sem luz deste tormento,
Com os pesados grilhões desta saudade?

☆ *Rio de Janeiro/RJ, 1865*
✝ *Rio de Janeiro/RJ, 1918*

Soneto

Francisco Otaviano

Morrer, dormir, não mais, termina a vida,
e com ela terminam nossas dores;
um punhado de terra, algumas flores...
E depois uma lágrima fingida.

Sim, minha morte não será sentida:
não tive amigos e nem deixo amores;
e se os tive, tornaram-se traidores,
algozes vis de um'alma consumida.

Tudo é podre no mundo! Que me importa
que amanhã se esboroe ou que desabe,
se a natureza para mim 'stá morta?!

É tempo já que meu exílio acabe...
Vem, vem, ó morte! ao nada me transporta:
morrer, dormir, talvez sonhar, quem sabe!

☆ *Rio de Janeiro/RJ, 1825*
✝ *Rio de Janeiro/RJ, 1889*

O seu nome

João de Deus

Ela não sabe a luz suave e pura
que derrama numa alma acostumada
a não ver nunca a luz da madrugada
vir raiando, senão com amargura!

Não sabe a avidez com que a procura
ver esta vista, de chorar cansada,
a ela... única nuvem prateada,
única estrela desta noite escura!

E mil anos que leve a Providência
a dar-me este degredo por cumprido,
por acabada já tão longa ausência,

ainda nesse instante apetecido
será meu pensamento essa existência...
E o seu nome, o meu último gemido.

☆ *S. Bartolomeu de Messines – Algarve, Portugal, 1830*
✝ *Lisboa, Portugal, 1896*

SONETO

Álvares de Azevedo

Passei ontem a noite junto dela.
Do camarote a divisão se erguia
apenas entre nós – e eu vivia
no doce alento dessa virgem bela...

Tanto amor, tanto fogo se revela
naqueles olhos negros! Só a via!
Música mais do céu, mais harmonia
aspirando nessa alma de donzela!

Como era doce aquele seio arfando!
Nos lábios que sorriso feiticeiro!
Daquelas horas lembro-me chorando!

Mas o que é triste e dói ao mundo inteiro
é sentir todo o seio palpitando...
Cheio de amores! E dormir solteiro!

☆ *São Paulo/SP, 1831*
✝ *Rio de Janeiro/RJ, 1852*

A Carolina

Machado de Assis

Querida, ao pé do leito derradeiro
em que descansas dessa longa vida,
aqui venho e virei, pobre querida,
trazer-te o coração do companheiro.

Pulsa-lhe aquele afeto verdadeiro
que, a despeito de toda a humana lida,
fez a nossa existência apetecida
e num recanto pôs o mundo inteiro.

Trago-te flores – restos arrancados
da terra que nos viu passar unidos
e ora mortos nos deixa e separados.

Que eu, se tenho nos olhos malferidos
pensamentos de vida formulados,
são pensamentos idos e vividos.

☆ *Rio de Janeiro/RJ, 1839*
✝ *Rio de Janeiro/RJ, 1908*

MARIETA

Castro Alves

Como o gênio da noite, que desata
o véu de rendas sobre a espada nua,
ela solta os cabelos... Bate a lua
nas alvas dobras de um lençol de prata.

O seio virginal que a mão recata,
embalde o prende a mão... cresce, flutua...
Sonha a moça ao relento... Além na rua
preludia um violão na serenata.

Furtivos passos morrem no lajedo...
Resvala a escada do balcão discreta...
Matam lábios os beijos em segredo...

Afoga-me os suspiros, Marieta!
Ó surpresa! ó palor! ó pranto! ó medo!
Ai! noites de Romeu e Julieta!...

☆ *Muritiba/BA, 1847*
✝ *Salvador/BA, 1871*

EU QUE TENHO NO OLHAR...

Guerra Junqueiro

Eu que tenho no olhar o incoercível dente
que aguilhoa da carne os sonhos bestiais,
e tenho as atrações nervosas da serpente
com que Jeová tentou nossos primeiros pais;

eu, a mulher perdida, a cínica indolente,
a torpe barregã de olhos sentimentais,
que ando de mão em mão escandalosamente
como as cartas de jogo e os livros sensuais;

eu, negra flor do mal, silenciosa e calma,
eu, que cheguei a ter escrófulas na alma
e abri um lupanar dentro do coração;

ao ver teu olhar, o teu olhar sombrio,
ó canalha gentil, ó pálido vadio,
eu, que desprezo o amor, amo-te, D. João!

☆ *Freixo de Espada à Cinta – Trás-os-Montes, Portugal, 1850*
✝ *Lisboa, Portugal, 1923*

Nós

Silva Ramos

Eu e tu: a existência repartida
por duas almas; duas almas numa
só existência. Tu e eu: a vida
de duas vidas que uma só resuma.

Vida de dois, em cada um vivida,
vida de um só vivida em dois; em suma:
a essência unida à essência, sem que alguma
perca o ser una, sendo à outra unida.

Duplo egoísmo altruísta, a cujo enleio
no próprio coração cada qual sente
a chama que em si nutre o incêndio alheio.

Ó mistério do amor onipotente,
que eternamente eu viva no teu seio,
e vivas no meu seio eternamente.

☆ *Recife/PE, 1853*
† *Rio de Janeiro/RJ, 1930*

Transit

Artur Azevedo

Tu és dona de mim, tu me pertences,
e, neste delicioso cativeiro,
não queres crer que, ingrato e bandoleiro,
possa eu noutra pensar, ou noutro penses.

Doce cuidado meu, não te convences
de que tudo na terra é passageiro,
frívolo, fútil, rápido, ligeiro,
e a pertinácia do erro teu não vences!

Num belo dia – hás de tu ver – desaba
esta velha afeição, funda e comprida,
que tanta gente nos inveja e gaba...

Choras? Para que lágrimas, querida?
Naturalmente o amor também se acaba,
como tudo se acaba nesta vida.

☆ *São Luís/MA, 1855*
✝ *Rio de Janeiro/RJ, 1908*

MALDIÇÃO

Olavo Bilac

Se por vinte anos, nesta furna escura,
deixei dormir a minha maldição,
hoje, velha e cansada da amargura,
minha alma se abrirá como um vulcão.

E, em torrentes de cólera e loucura,
sobre a tua cabeça ferverão
vinte anos de silêncio e de tortura,
vinte anos de agonia e solidão...

Maldita sejas pelo ideal perdido!
Pelo mal que fizeste sem querer!
Pelo amor que morreu sem ter nascido!

Pelas horas vividas sem prazer!
Pela tristeza do que eu tenho sido!
Pelo esplendor do que eu deixei de ser!...

☆ *Rio de Janeiro/RJ, 1865*
✝ *Rio de Janeiro/RJ, 1918*

Supremo enleio

Florbela Espanca

Quanta mulher no teu passado, quanta!
Tanta sombra em redor! Mas que me importa?
Se delas veio o sonho que conforta,
a sua vinda foi três vezes santa!

Erva do chão que a mão de Deus levanta,
folhas murchas de rojo à tua porta...
Quando eu for uma pobre coisa morta,
quanta mulher ainda! Quanta! Quanta!

Mas eu sou a manhã: apago estrelas!
Hás de ver-me, beijar-me em todas elas,
mesmo na boca da que for mais linda!

E quando a derradeira, enfim, vier,
nesse corpo vibrante de mulher
será o meu que hás de encontrar ainda...

☆ *Vila Viçosa – Alentejo, Portugal, 1894*
☥ *Matosinhos – Douro, Portugal, 1930*

FOLHA SOLTA

Vicente de Carvalho

Não me culpeis a mim de amar-vos tanto,
mas a vós mesma e à vossa formosura,
pois se vos aborrece, me tortura
ver-me cativo assim de vosso encanto.

Enfadai-vos; parece-vos que, enquanto
meu amor se lastima, vos censura;
mas sendo vós comigo áspera e dura,
que eu por mim brade aos céus não causa espanto.

Se me quereis diverso do que agora
eu sou, mudai; mudai vós mesma, pois
ido o rigor que em vosso peito mora,

a mudança será para nós dois;
e então podereis ver, minha senhora,
que eu sou quem sou por serdes vós quem sois.

☆ *Santos/SP, 1866*
✝ *Santos/SP, 1924*

Lindo e sutil trançado, que ficaste

Luís de Camões

Lindo e sutil trançado, que ficaste
em penhor do remédio que mereço,
se só contigo, vendo-te, endoideço,
que fora co'os cabelos que apertaste?

Aquelas tranças de ouro que ligaste,
que os raios do sol têm em pouco preço,
não sei se ou para engano do que peço,
ou para me matar as desataste.

Lindo trançado, em minhas mãos te vejo,
e por satisfação de minhas dores,
como quem não tem outra, hei de tomar-te.

E se não for contente o meu desejo,
dir-lhe-ei que nesta regra dos amores
pelo todo também se toma a parte.

☆ *Lisboa, Portugal, 1524*
✝ *Lisboa, Portugal, 1580*

Soneto

Nunes Claro

Vieste tarde, meu amor. Começa
em mim caindo a neve devagar...
Morre o sol; o outono vem depressa,
e o inverno, finalmente, há de chegar.

E se hoje andamos juntos, na promessa
de caminharmos toda a vida a par,
daqui a pouco o teu amor tem pressa
e o meu, daqui a pouco, há de cansar.

Dentro em breve, por trás das velhas portas,
dando um ao outro só palavras mortas
que rolam mudas sobre nossas vidas,

ouviremos, nas noites desoladas,
tu, a canção das vozes desejadas,
eu, o chorar das vozes esquecidas.

☆ *Lisboa, Portugal, 1878*
✝ *Lisboa, Portugal, 1949*

Beijos mortos

Martins Fontes

Amemos a mulher que não ilude,
e que, ao saber que a temos enganado,
perdoa por amor e por virtude,
pelo respeito ao menos do passado.

Muitas vezes, na minha juventude,
evocando o romance de um noivado,
sinto que amei outrora quanto pude,
porém mais deveria ter amado.

Choro. O remorso os nervos me sacode.
E, ao relembrar o mal que então fazia,
meu desespero inconsolado explode.

E a causa desta horrível agonia,
é ter amado, quanto amar se pode,
sem ter amado quanto amar devia.

☆ *Santos/SP, 1884*
✝ *Santos/SP, 1937*

Contrassenso

Marta de Mesquita da Câmara

Oh! meu amor, escuta, estou aqui.
Pois o teu coração bem me conhece:
eu sou aquela voz que, em tanta prece,
endoideceu, chorou, gemeu por ti!

Sou eu, sou eu que ainda não morri
– nem a morte me quer, ao que parece –
e vinha renovar, se inda pudesse,
as horas dolorosas que vivi.

Oh! que insensato e louco é quem se iluda!
Quis fugir, esquecer-te, mas não pude...
Vê lá do que os teus olhos são capazes!

Deitando a vista pelo mundo além,
desisto de encontrar na vida um bem
que valha todo o mal que tu me fazes!

☆ *Porto, Portugal, 1895*
✝ *Porto, Portugal, 1980*

Duas almas

Alceu Wamosy

Ó tu, que vens de longe, ó tu, que vens cansada,
entra, e, sob este teto encontrarás carinho:
eu nunca fui amado, e vivo tão sozinho,
vives sozinha sempre, e nunca foste amada...

A neve anda a branquear, lividamente, a estrada,
e a minha alcova tem a tepidez de um ninho.
Entra, ao menos até que as curvas do caminho
se banhem no esplendor nascente da alvorada.

E amanhã, quando a luz do sol dourar, radiosa,
essa estrada sem-fim, deserta, imensa e nua,
podes partir de novo, ó nômade formosa!

Já não serei tão só, nem irás tão sozinha.
Há de ficar comigo uma saudade tua...
Hás de levar contigo uma saudade minha...

☆ *Uruguaiana/RS, 1895*
✝ *Santana do Livramento/RS, 1923*

Eu

Florbela Espanca

Eu sou a que no mundo anda perdida,
Eu sou a que na vida não tem norte,
Sou a irmã do sonho, e desta sorte
Sou a crucificada... a dolorida...

Sombra de névoa tênue e esvaecida,
E que o destino amargo, triste e forte,
Impele brutalmente para a morte!
Alma de luto sempre incompreendida!...

Sou aquela que passa e ninguém vê...
Sou a que chamam triste sem o ser...
Sou a que chora sem saber por quê...

Sou talvez a visão que alguém sonhou.
Alguém que veio ao mundo pra me ver
E que nunca na vida me encontrou!

☆ *Vila Viçosa – Alentejo, Portugal, 1894*
✝ *Matosinhos – Douro, Portugal, 1930*

À MORTE DE UMA FORMOSA DAMA

Manuel Maria du Bocage

Os garços olhos, em que Amor brincava,
Os rubros lábios, em que Amor se ria,
As longas tranças, de que Amor pendia,
As lindas faces, onde Amor brilhava:

As melindrosas mãos, que Amor beijava,
Os níveos braços, onde Amor dormia,
Foram dados, Armânia, à terra fria,
Pelo fatal poder que a tudo agrava:

Seguiu-te Amor ao tácito jazigo,
Entre as irmãs cobertas de amargura;
E eu que faço (ai de mim!) como os não sigo!

Que há no mundo que ver, se a formosura,
Se Amor, se as Graças, se o prazer contigo
Jazem no eterno horror da sepultura?

☆ *Setúbal – Estremadura, Portugal, 1765*
✝ *Lisboa, Portugal, 1805*

Soneto

Augusto dos Anjos

> *Pareceu-me inda ouvir o nome dela*
> *No badalar monótono dos sinos.*
> Hermeto Lima

Adeus, adeus, adeus! E, suspirando,
Saí deixando morta a minha amada,
Vinha o luar iluminando a estrada
E eu vinha pela estrada soluçando.

Perto, um ribeiro claro murmurando
Muito baixinho como quem chorava,
Parecia o ribeiro estar chorando
As lágrimas que eu triste gotejava.

Súbito ecoou do sino o som profundo!
Adeus! – eu disse. Para mim no mundo
Tudo acabou-se, apenas restam mágoas.

Mas no mistério astral da noite bela
Pareceu-me inda ouvir o nome dela
No marulhar monótono das águas!

☆ *Cruz do Espírito Santo/PB, 1884*
✝ *Leopoldina/MG, 1914*

Por decoro

Artur Azevedo

Quando me esperas, palpitando amores,
e os lábios grossos e úmidos me estendes,
e do teu corpo cálido desprendes
desconhecido olor de estranhas flores;

quando, toda suspiros e fervores,
nesta prisão de músculos te prendes,
e aos meus beijos de sátiro te rendes,
furtando às rosas as purpúreas cores;

os olhos teus, inexpressivamente,
entrefechados, lânguidos, tranquilos,
olham, meu doce amor, de tal maneira,

que, se olhassem assim, publicamente,
deveria, perdoa-me, cobri-los
uma discreta folha de parreira.

☆ *São Luís/MA, 1855*
✝ *Rio de Janeiro/RJ, 1908*

Remorso

Olavo Bilac

Às vezes, uma dor me desespera...
Nestas ânsias e dúvidas que ando,
Cismo e padeço, neste outono, quando
Calculo o que perdi na primavera.

Versos e amores sufoquei calando,
Sem os gozar numa explosão sincera...
Ah! mais cem vidas! com que ardor quisera
Mais viver, mais penar e amar cantando!

Sinto o que esperdicei na juventude;
Choro, neste começo de velhice,
Mártir da hipocrisia ou da virtude,

Os beijos que não tive por tolice,
Por timidez o que sofrer não pude,
E por pudor os versos que não disse!

☆ *Rio de Janeiro/RJ, 1865*
✝ *Rio de Janeiro/RJ, 1918*

Refletindo sobre a instabilidade da condição humana

Manuel Maria du Bocage

Quantas vezes, Amor, me tens ferido?
Quantas vezes, Razão, me tens curado?
Quão fácil de um estado a outro estado
O mortal sem querer é conduzido!

Tal, que em grau venerando, alto e luzido,
Como que até regia a mão do fado,
Onde o sol, bem de todos, lhe é vedado
Depois com ferros vis se vê cingido:

Para que o nosso orgulho as asas corte,
Que variedade inclui esta medida,
Este intervalo da existência à morte!

Travam-se gosto, e dor; sossego, e lida;
É lei da natureza, é lei da sorte
Que seja o mal e o bem matiz da vida.

☆ *Setúbal – Estremadura, Portugal, 1765*
✝ *Lisboa, Portugal, 1805*

SAUDADE

Augusto dos Anjos

Hoje que a mágoa me apunhala o seio,
E o coração me rasga atroz, imensa,
Eu a bendigo da descrença em meio,
Porque eu hoje só vivo da descrença.

À noite quando em funda soledade
Minh'alma se recolhe tristemente,
Pra iluminar-me a alma descontente,
Se acende o círio triste da Saudade.

E assim afeito às mágoas e ao tormento,
E à dor e ao sofrimento eterno afeito,
Para dar vida à dor e ao sofrimento,

Da saudade na campa enegrecida
Guardo a lembrança que me sangra o peito,
Mas que no entanto me alimenta a vida.

☆ *Cruz do Espírito Santo/PB, 1884*
✞ *Leopoldina/MG, 1914*

AGONIA

Alceu Wamosy

Na grande sala silenciosa
o nosso amor vai fenecer,
como uma rosa
na taça de cristal azul do entardecer...

(E esta paixão maravilhosa,
jardim profundo de prazer,
numa agonia dolorosa,
entre nós dois a florecer).

Dentro de pouco, quando a tarde
Encher de sombra o nosso olhar,
Toso este grande amor que já não arde

No mesmo fogo com que ardia,
Das nossas almas sobre o altar
Não será mais que cinza fria...

☆ *Uruguaiana/RS, 1895*
✝ *Santana do Livramento/RS, 1923*

OS ANJOS DA MEIA-NOITE

Castro Alves

8ª SOMBRA

Último fantasma

Quem és tu, quem és tu, vulto gracioso,
Que te elevas da noite na orvalhada?
Tens a face nas sombras mergulhada...
Sobre as névoas te libras vaporoso...

Baixas do céu num voo harmonioso!...
Quem és tu, bela e branca desposada?
Da laranjeira em flor a flor nevada
Cerca-te a fronte, ó ser misterioso!...

Onde nos vimos nós?... És doutra esfera?
És o ser que eu busquei do sul ao norte...
Por quem meu peito em sonhos desespera?...

Quem és tu? Quem és tu? – És minha sorte!
És talvez o ideal que est'alma espera!
És a glória talvez! Talvez a morte!...

Santa Isabel, agosto de 1870.

☆ *Muritiba/BA, 1847*
✝ *Salvador/BA, 1871*

INCONSTÂNCIA

Florbela Espanca

Procurei o amor, que me mentiu.
Pedi à vida mais do que ela dava;
Eterna sonhadora edificava
Meu castelo de luz que me caiu!

Tanto clarão nas trevas refulgiu,
E tanto beijo a boca me queimava!
E era o sol que os longes deslumbrava
Igual a tanto sol que me fugiu!

Passei a vida a amar e a esquecer...
Atrás do sol dum dia outro a aquecer
As brumas dos atalhos por onde ando...

E este amor que assim me vai fugindo
É igual a outro amor que vai surgindo,
Que há de partir também... nem eu sei quando...

☆ *Vila Viçosa – Alentejo, Portugal, 1894*
✝ *Matosinhos – Douro, Portugal, 1930*

Soneto já antigo

Fernando Pessoa

Olha, Daisy: quando eu morrer tu hás de
Dizer aos meus amigos aí de Londres,
Embora não o sintas, que tu escondes
A grande dor da minha morte, irás de

Londres p'ra Iorque, onde nasceste (dizes...
Que eu nada que tu digas acredito),
Contar àquele pobre rapazito
Que me deu tantas horas tão felizes,

Embora não o saibas que morri...
Mesmo ele, a quem eu tanto julguei amar,
Nada se importará... Depois vai dar

A notícia a essa estranha Cecily
Que acreditava que eu seria grande...
Raios partam a vida e quem lá ande

☆ *Lisboa, Portugal, 1888*
✞ *Lisboa, Portugal, 1935*

Vossos olhos, senhora, que competem

Luís de Camões

Vossos olhos, senhora, que competem
com o sol em beleza e claridade,
enchem os meus de tal suavidade,
que em lágrimas de vê-los se derretem.

Meus sentidos prostrados se submetem
assim cegos de tanta majestade;
e da triste prisão, da escuridade,
cheios de medo, por fugir, remetem.

Porém se então me vedes com acerto,
esse áspero desprezo com que olhais
me torna a animar a alma enfraquecida.

Oh, gentil cura! Oh, estranho desconcerto!
Que dareis co'um favor que vós não dais,
quando com um desprezo me dais vida?

☆ *Lisboa, Portugal, 1524*
✞ *Lisboa, Portugal, 1580*

Coração frio

Augusto dos Anjos

Frio e sagrado coração de lua,
Teu coração rolou da luz serena!
E eu tinha ido ver a aurora tua
Nos raios d'ouro da celeste arena...

E vi-te triste, desvalida e nua!
E o olhar perdi, ansiando a luz amena
No silêncio noctívago da rua...
– Sonâmbulo glacial de estranha pena!

Estavas fria! A neve que a alma corta
Não gele talvez mais, nem mais alquebre
um coração como a alma que está morta...

E estavas morta, eu vi, eu que te almejo,
– Sombra de gelo que me apaga a febre,
– Lua que esfria o sol do meu desejo!

☆ *Cruz do Espírito Santo/PB, 1884*
✝ *Leopoldina/MG, 1914*

MISERÁVEL

Artur Azevedo

O noivo, como noivo, é repugnante:
materialão, estúpido, chorudo,
arrotando, a propósito de tudo,
o ser comendador e negociante.

Tem a viuvinha, a noiva interessante,
todo o arsenal de um poeta guedelhudo:
alabastro, marfim, coral, veludo,
azeviche, safira e *tutti quanti*.

Da misteriosa alcova a porta geme,
o noivo dorme num lençol envolto...
Entra a viuvinha, a noiva... Ó céu, contém-me!

Ela deita-se... espera... Qual! Revolto,
o leito estala... Ela suspira... freme...
e o miserável dorme a sono solto!...

☆ *São Luís/MA, 1855*
✝ *Rio de Janeiro/RJ, 1908*

SÓ A MORTE

Medeiros e Albuquerque

"Se me desdenhas, sinto que faleço,
de nada mais pode servir-me a vida;
de ti e só de ti me vem, querida,
todo o alento vital de que careço.

Só a morte é possível, se perdida
eu vir tua afeição. Nenhum apreço
darei a tudo mais, se o que mereço
é teu desprezo, em paga à minha lida".

Ela não respondeu... Por fim, notando
que contra a sorte é inútil que se teime,
resolvi não morrer. E tão tranquilos

foram os meus dias, que eu me rio quando
penso no que ontem vi: ontem pesei-me
e achei, num mês, que eu engordei três quilos!

☆ *Recife/PE, 1867*
✝ *Rio de Janeiro/RJ, 1934*

ARGUMENTO DE DEFESA

Bastos Tigre

Disse alguém, por maldade ou por intriga,
que eu de Vossa Excelência mal dissera:
que tinha amantes, que era "fácil", que era
da virtude doméstica, inimiga.

Maldito seja o cérebro que gera
infâmias tais que, em cólera, maldigo!
Se eu disse tal, que tenha por castigo
o beijo de uma sogra ou de outra fera!

Ponho a mão espalmada na consciência
e ela, senhora, impávida, protesta
contra essa intriga da maledicência!

Indague a amigos meus: qualquer atesta
que eu acho e sempre achei Vossa Excelência
feia demais para não ser honesta...

☆ *Recife/PE, 1882*
✝ *Rio de Janeiro/RJ, 1957*

A MINHA DOR
A você

Florbela Espanca

A minha dor é um convento ideal
Cheio de claustros, sombras, arcarias,
Aonde a pedra em convulsões sombrias
Tem linhas dum requinte escultural.

Os sinos têm dobres d'agonia
Ao gemer, comovidos, o seu mal...
E todos têm sons de funeral
Ao bater horas, no correr dos dias...

A minha dor é um convento. Há lírios
Dum roxo macerado de martírios,
Tão belos como nunca os viu alguém!

Nesse triste convento aonde eu moro,
Noites e dias rezo e grito e choro!
E ninguém ouve... ninguém vê... ninguém...

☆ *Vila Viçosa – Alentejo, Portugal, 1894*
✞ *Matosinhos – Douro, Portugal, 1930*

VAI-TE, FERA CRUEL, VAI-TE, INIMIGA

Manuel Maria du Bocage

Vai-te, fera cruel, vai-te, inimiga,
horror do mundo, escândalo da gente,
que um férreo peito, uma alma que não sente,
não merece a paixão que me afadiga.

O Céu te falte, a Terra te persiga,
negras fúrias o Inferno te apresente,
e da baça tristeza o voraz dente
morda o vil coração que amor não liga.

Disfarçados, mortíferos venenos,
entre licor suave em áurea taça,
mão vingativa te prepare ao menos;

e seja, seja tal tua desgraça,
que ainda por mais leves, mais pequenos,
os meus tormentos invejar te faça.

☆ *Setúbal – Estremadura, Portugal, 1765*
✝ *Lisboa, Portugal, 1805*

SONETO

Carvalho Júnior

Quando, pela manhã, contemplo-te abatida,
amortecido o olhar e a face descorada,
imersa em languidez profunda, indefinida,
o lábio ressequido e a pálpebra azulada,

relembro as impressões da noite consumida
na lúbrica expansão, na febre alucinada,
do gozo sensual, frenético, homicida,
como a lâmina aguda e fria de uma espada.

E ao ver em derredor o grande desalinho
das roupas pelo chão, dos móveis no caminho,
e o *boudoir**, enfim, do caos um fiel plágio,

suponho-me um herói da velha antiguidade,
um marinheiro audaz após a tempestade,
tendo por pedestal os restos de um naufrágio!

☆ *Rio de Janeiro/RJ, 1855*
✝ *Rio de Janeiro/RJ, 1879*

---

* Saleta de uso exclusivo da mulher.

A Cortesã

Rodrigo Beça

Voluptuosamente reclinada
sobre coxins de seda e cachemira,*
a cortesã repousa descansada
das fadigas da noite, que fugira.

Vê nos seus dedos finos a safira,
o diamante, a pérola nevada,
e lentamente o leve fumo tira
dum *narguier*** de prata marchetada.

Em vão sua dor procura ocultar.
Uma pequena lágrima de neve
desce-lhe pela face devagar.

Desventurado aquele que do amor
junto de si jamais sentiu ou teve
a carinhosa e perfumada flor.

☆ ?
✝ ?

---

* *Cashmere.*
** *Narguilé.*

Mea culpa

Guimarães Passos

Não é tua alma o lírio imaculado
que à luz de uns olhos puros se levanta,
pois não fulgura em teu olhar a santa
chama que brilha isenta do pecado.

Se o teu seio palpita apaixonado,
se a voz do amor nos teus suspiros canta,
não me ilude o queixume que à garganta
quebras para me ver mais desgraçado!

Eu bem sei quem tu és... Mas, que loucura
arrasta-me a teus pés como um cativo!
Mostra-me o inferno a aberta sepultura:

e abraçado contigo, ó pecadora,
eu desço-o tão feliz como se fora
um justo ao claro céu subindo vivo.

☆ *Maceió/AL, 1867*
✟ *Paris, França, 1909*

Vem

Artur Azevedo

Escrúpulos?... Escrúpulos?... Tolice!...
Corre aos meus braços! Vem! Não tenhas pejo!
Traze o teu beijo ao encontro do meu beijo
e deixa-os lá dizer que isto é doidice!

Não esperes o gelo da velhice,
não sufoques o lúbrico desejo
que nos teus olhos úmidos eu vejo!
Foges de mim?... Farias mal?... Quem disse?

Ora o dever – o coração não deve!
O amor, se é verdadeiro, não ultraja
Nem mancha a fama embora alva de neve.

Vem!... que o sangue férvido reaja!
Amemo-nos, amor, que a vida é breve,
e outra vida melhor talvez não haja!

☆ *São Luís/MA, 1855*
✝ *Rio de Janeiro/RJ, 1908*

Demoníaca

Alceu Wamosy

Não me tentes assim. Fechar esses braços.
Nas dobras da mantilha oculta as pomas.
Volve esses olhos mágicos e lassos,
E essa boca sensual, cheia de aromas.

Quero fugir do mal dos teus abraços,
Das trágicas cadeias das tuas comas,
E me fazes rojar, trás os teus passos,
Mal o teu vulto tentador assomas!

O meu ser te repele e te procura,
Mulher fatal, diabólica e divina,
Geradora de amor e de loucura!

Beija-me mais! Afoga-me o desejo!
Pois, se sei que teu beijo me assassina,
Sei que sucumbo à falta desse beijo!...

☆ *Uruguaiana/RS, 1895*
✝ *Santana do Livramento/RS, 1923*

Libelo

Hildo Rangel

Não leias esta carta que em má hora
escrevo com o fogo que me inflama;
é o mais doce castigo de quem ama
e o mais terno castigo de quem chora;

o grito duma boca que reclama
o mel da tua boca cor de aurora;
pecado da minh'alma que te implora,
castigo do meu beijo que te chama.

Mas não leias, por Deus, porque bem sei
que amanhã tu dirás que te implorei
uma esmola de amor como os mendigos,

zombando com teus lábios desejados
deste amor que é o melhor dos meus pecados
e deste pranto – o melhor dos meus castigos

☆ *Porto Alegre/RS, 1897*
✝ *Rio de Janeiro/RJ, 1940*

História antiga

Raul de Leoni

No meu grande otimismo de inocente,
eu nunca soube por que foi... um dia
ela me olhou indiferentemente,
perguntei-lhe por que era... não sabia.

Desde então, transformou-se de repente
a nossa intimidade correntia
em saudações de simples cortesia
e a vida foi andando para a frente...

Nunca mais nos falamos... vai distante...
Mas, quando a vejo, há sempre um vago instante
em que seu mudo olhar no meu repousa.

E eu sinto, sem no entanto compreendê-la,
que ela tenta dizer-me qualquer coisa,
mas que é tarde demais para dizê-la...

☆ *Petrópolis/RJ, 1895*
✝ *Itaipava/RJ, 1926*

GRANDE AMOR

Cruz e Sousa

Grande amor, grande amor, grande mistério
que as nossas almas trêmulas enlaça...
Céu que nos beija, céu que nos abraça
num abismo de luz profundo e céreo.

Eterno espasmo de um desejo etéreo
e bálsamo dos bálsamos de graça,
chama secreta que nas almas passa
e deixa nelas um clarão sidéreo.

Cântico de anjos e arcanjos vagos
junto às águas sonâmbulas de lagos,
sob as claras estrelas desprendido...

Selo perpétuo, puro e peregrino,
que prende as almas num igual destino,
num beijo fecundado num gemido

☆ *Nossa senhora do Desterro – Florianópolis/SC, 1861*
    ✝ *Curral Novo – Antônio Carlos/MG, 1898*

VOLÚPIA

Laura Chaves

É certo! Não mentiu quem te afirmou
que eu tenho dito muito mal de ti.
É certo, sim, mordi, mordi, mordi,
enquanto a minha boca não cansou.

Tudo quanto há de mau em mim gozou...
Sabes lá a volúpia que eu senti
quando, com mil requintes, descrevi
como a tua alma aos poucos se aviltou!

E no delírio de te fazer mal
analisei o vício, o lodaçal
em que hoje vives numa orgia louca...

Mas o que ninguém pôde pressentir
é que eu estava falando para ouvir
o teu nome vibrar na minha boca...

☆ *Lisboa ?, Portugal, 1888*
✝ *?*

Última Deusa

Alberto de Oliveira

Foram-se os deuses, foram-se, em verdade;
Mas das deusas alguma existe, alguma
Que tem teu ar, a tua majestade,
Teu porte e aspecto, que és tu mesma, em suma.

Ao ver-te com esse andar de divindade,
Como cercada de invisível bruma,
A gente à crença antiga se acostuma,
E do Olimpo se lembra com saudade.

De lá trouxeste o olhar secreto e garço,
O alvo colo onde, em quedas de ouro tinto,
Rútilo rola o teu cabelo esparso...

Pisas alheia terra... Essa tristeza
Que possuis é de estátua que ora extinto
Sente o culto da forma e da beleza.

☆ *Saquarema/RJ, 1857*
✝ *Niterói/RJ, 1937*

Kosmos

Goulart de Andrade

Tens a aurora na boca e a noite escura
Nos olhos; no cabelo em desalinho.
O mar bravo, a floresta, o torvelinho;
E as neves da montanha em tua alvura!

Possuis na voz a música e a frescura
Da água corrente; o sussurrar do ninho
Na surdina sutil do teu carinho,
Em que o calor ao travo se mistura...

Cheiras como um vergel! Tens a tristeza
De uma tarde hibernal, em que anda imerso
Teu amor – meu algoz e minha presa –

Em tua alma e teu corpo acha meu verso
Todas as convulsões da natureza
E as harmonias todas do universo.

☆ *Maceió/AL, 1881*
✝ *Rio de Janeiro/RJ, 1936*

Hão de chorar por ela os cinamomos...

Alphonsus de Guimaraens

Hão de chorar por ela os cinamomos,
Murchando as flores ao tombar do dia.
Dos laranjais hão de cair os pomos,
Lembrando-se daquela que os colhia.

As estrelas dirão: – Ai! nada somos,
Pois ela morreu, fulgente e fria...
E pondo os olhos nela como pomos,
Hão de chorar a irmã que lhes sorria.

A lua, que lhe foi mãe carinhosa,
Que a viu nascer e amar, há de envolvê-la
Entre lírios e pétalas de rosa.

Os meus sonhos de amor serão defuntos...
E os arcanjos dirão no azul, ao vê-la,
Pensando em mim: – Por que não vieram juntos?

☆ *Ouro Preto/MG, 1870*
✟ *Mariana/MG, 1921*

Soneto decadente

Medeiros e Albuquerque

Car nous voulons la nuance encore,
Pas la couleur, rien que la nuance.
Paul Verlaine

Morria rubro o sol e mansa, mansamente...
sombras baixando em flocos, lentas, pelo espaço...
Um morrer pungitivo e calmo de inocente:
doces, as ilusões fanadas no regaço.

Passa um cicio leve e suave... Num traço
ave rápida passa súbita e tremente...
A tristeza, que vem, cinge como um baraço
a garganta: o soluço estaca ali fremente...

Lembranças de pesar... Navio que na curva
do mar, de água pesada e funda e escura e turva,
some-se de vagar das ondas ao rumor...

Ó crepúsculo sós! os exilados sentem
a angústia sem igual de amantes que pressentem
o derradeiro adeus do derradeiro amor!

☆ *Recife/PE, 1867*
✝ *Rio de Janeiro/RJ, 1934*

Ester

Castro Alves

Vem! no teu peito cálido e brilhante
O nardo oriental melhor transpira!
Enrola-te na longa cachemira,
Como as judias moles do Levante.

Alva a clâmide aos ventos – roçagante...
Túmido o lábio, onde o saltério gira...
Ó musa de Israel! pega da lira...
Canta os martírios de teu povo errante!

Mas não... brisa da pátria além revoa,
E ao delamber-lhe o braço de alabastro,
Falou-lhe de partir... e parte... e voa...

Qual nas vagas marinhas desce um astro...
Linda Ester! teu perfil se esvai... se escoa...
Só me resta um perfume... um canto... um rastro...

☆ *Muritiba/BA, 1847*
✝ *Salvador/BA, 1871*

Soneto

Fagundes Varela

Desponta a estrela-d'alva, a noite morre,
Pulam no mato alígeros cantores,
E doce a brisa no arraial das flores,
Lânguidas queixas murmurando, corre.

Volúvel tribo a solidão percorre
Das borboletas de brilhantes cores;
Soluça o arroio; diz a rola amores
Nas verdes balsas donde o orvalho escorre.

Tudo é luz e esplendor; tudo se esfuma
Às carícias d'aurora, ao céu risonho,
Ao flóreo bafo que o sertão perfuma!

Porém minh'alma triste e sem um sonho
Repete olhando o prado, o rio, a espuma:
– Oh! mundo encantador, tu és medonho!

☆ *São João Marcos/RJ, 1841*
✝ *Niterói/RJ, 1875*

Aspirações

José Bonifácio (O Moço)

Quando eu morrer, ninguém venha chorar-me:
Lancem meu corpo à solidão sem termos.
Eu amo aqueles céus, aqueles ermos,
Onde a tristeza Deus vem consolar-me!

Lá, sinto ainda est'alma esvoaçar-me
Eterizada, e eu sonho a renascermos;
Eu e ela, ambos sós, ambos enfermos,
Eu morto já, e ela a despertar-me!

Lá fico aragem, folha, passarinho,
Lá me transforma em eco a solidão,
E a natureza inteira abre-me o ninho.

Oh! Deus de amor! oh! Deus da Criação!
Prende minha alma aos musgos do caminho,
Derrete-me no espaço o coração!...

☆ *Bordéus, França, 1827*
✝ *São Paulo/SP, 1886*

SONETO

Gonçalves Dias

Baixel veloz, que o úmido elemento
A voz do nauta experto afoito entrega,
Demora o curso teu, perto navega
Da terra onde me fica o pensamento!

Enquanto vais cortando o salso argento,
Desta praia feliz não se desprega
(Meus olhos, não, que amargo pranto os rega)
Minha alma, sim, e o amor que é meu tormento.

Baixel, que vais fugindo despiedado,
Sem temor dos contrastes da procela,
Volta ao menos, qual vais tão apressado.

Encontre-a eu gentil, mimosa e bela!
E o pranto qu'ora verto amargurado,
Possa eu verter então nos lábios dela!

☆ *Caxias/MA, 1823*
✝ *Guimarães/MA, 1864*

Improviso

Francisco Moniz Barreto

Ver... e do que se vê logo abrasado,
Sentir o coração de um fogo ardente,
De prazer um suspiro de repente
Exalar, e após ele um ai magoado!

Aquilo que não foi inda logrado,
Nem o será talvez, lograr na mente;
Do rosto a cor mudar constantemente,
Ser feliz e ser logo desgraçado;

Desejar tanto mais quão mais se prive,
Calmar o ardor que pelas veias corre,
Já querer, já buscar que ele se ative;

O que isto é, a todos nós ocorre:
– Isto é amor, e deste amor se vive!
– Isto é amor, e deste amor se morre!

☆ *Jaguaripe/BA, 1804*
✝ *Salvador/BA, 1868*

COM PESADAS CADEIAS MANIETADO...

Tomás Antônio Gonzaga

Com pesadas cadeias manietado,
Às vozes da razão ensurdecido,
Dos céus, de mim, dos homens esquecido,
Me vi de amor nas trevas sepultado.

Ali aliviava o meu cuidado
Co dar de quando em quando algum gemido.
Ah! tempo! que, somente refletido,
Me fazes entre as ditas desgraçado.

Assim vivia, quando a falsidade
De Laura me tornou num breve dia
Quanto a razão não pôde em longa idade:

Quebrei o vil grilhão que me oprimia!
Oh! feliz de quem goza a liberdade,
Bem que venha por mãos da aleivosia!

☆ *Porto, Portugal, 1744*
✝ *Ilha de Moçambique, 1810*

Estela e Nise

Alvarenga Peixoto

Eu vi a linda Estela, e namorado
Fiz logo eterno voto de querê-la;
Mas vi depois a Nise, e é tão bela,
Que merece igualmente o meu cuidado.

A qual escolherei, se neste estado
Não posso distinguir Nise d'Estela?
Se Nise vir aqui, morro por ela;
Se Estela agora vir, fico abrasado.

Mas, ah! que aquela me despreza amante,
Pois sabe que estou preso em outros braços,
E esta não me quer por inconstante.

Vem, Cupido, soltar-me destes laços,
Ou faz de dois semblantes um semblante,
Ou divide o meu peito em dois pedaços!

☆ *Rio de Janeiro/RJ, 1744*
✝ *Ambaca, Angola, 1792*

CORRIDA DE AMOR

Vicente de Carvalho

Quando partiste, em pranto, descorada
a face, o lábio trêmulo... confesso:
arrebatou-me um verdadeiro acesso
de raivosa paixão desatinada.

Ia-se nos teus olhos, minha amada,
a luz dos meus; e então, como um possesso,
quis arrojar-me atrás do trem expresso
e seguir-te correndo pela estrada...

"Nem há dificuldade que não vença
tão forte amor!" pensei. Ah! como pensa
errado o vão querer das almas ternas!

Com denodo, atirei-me sobre a linha...
Mas, ao fim de uns três passos, vi que tinha
para tão grande amor, bem curtas pernas...*

☆ *Santos/SP, 1866*
✞ *Santos/SP, 1924*

---

* Neste último verso o poeta faz uma imitação burlesca de Camões.

Soneto

José Pedro Soares

Com Cupido saí a desafio,
por ele mesmo sendo provocado,
queixando-se de mim, por desprezado,
porque zombo do amor, dele me rio.

Tomo um bordão, um canivete afio,
únicas armas em que vou fiado;
Cupido de mil setas vem armado,
mas não me faz temer, não desconfio.

Chegado de brigar o tempo certo,
dispara-me uma seta sem receio,
mas erra, e dá-me as costas muito esperto.

Co'o pau lhe dei nas asas, desasei-o,
aturdido no chão cai de mim perto;
apanhei-o no chão, que fiz? Capei-o.

☆ *Lisboa, Portugual, c.1763*
☦ *Ponta Delgada - Açores, Portugal, 1845*

ÚLTIMO SONETO

Mário de Sá-Carneiro

Que rosas fugitivas foste ali:
Requeriam-te os tapetes – e vieste...
– Se me dói hoje o bem que me fizeste,
É justo, porque muito te devi.

Em que seda de afagos me envolvi
Quando entraste, nas tardes que apareceste –
Como fui de percal quando me deste
Tua boca a beijar, que remordi...

Pensei que fosse o meu o teu cansaço –
Que seria entre nós um longo abraço
O tédio que, tão esbelta, te curvava...

E fugiste... Que importa? Se deixaste
A lembrança violeta que animaste,
Onde a minha saudade a Cor se trava?...

Paris – dezembro de 1915

☆ *Lisboa, Portugual, 1890*
✝ *Paris, França, 1916*

UMA AMIGA

Antero de Quental

Aqueles que eu amei, não sei que vento
Os dispersou no mundo, que os não vejo...
Estendo os braços e nas trevas beijo
Visões que à noite evoca o sentimento...

Outros me causam mais cruel tormento
Que a saudade dos mortos... que eu invejo...
Passam por mim... mas como que têm pejo
Da minha soledade e abatimento!

Daquela primavera venturosa
Não resta uma flor só, uma só rosa...
Tudo o vento varreu, queimou o gelo!

Tu só foste fiel – tu, como dantes,
Inda volves teus olhos radiantes...
Para ver o meu mal... e escarnecê-lo!

☆ *Ponta Delgada, Portugal, 1842*
☦ *Ponta Delgada, Portugal, 1891*

NASCEMOS PARA AMAR; A HUMANIDADE

Manuel Maria du Bocage

Nascemos para amar; a humanidade
Vai, tarde ou cedo, aos laços da ternura.
Tu és doce atrativo, ó Formosura,
Que encanta, que seduz, que persuade.

Enleia-se por gosto a liberdade;
E depois que a paixão na alma se apura,
Alguns então lhe chamam desventura,
Chamam-lhe alguns então felicidade.

Qual se abisma nas lôbregas tristezas,
Qual em suaves júbilos discorre,
Com esperanças mil na ideia acesas.

Amor ou desfalece, ou para, ou corre:
E, segundo as diversas naturezas,
Um porfia, este esquece, aquele morre.

☆ *Setúbal – Estremadura, Portugal, 1765*
✝ *Lisboa, Portugal, 1805*

Língua portuguesa

Olavo Bilac

Última flor do Lácio, inculta e bela,
és, a um tempo, esplendor e sepultura:
ouro nativo, que na ganga impura
a bruta mina entre os cascalhos vela...

Amo-te assim, desconhecida e obscura,
tuba de alto clangor, lira singela,
que tens o trom e o silvo da procela,
e o arrolo da saudade e da ternura.

Amo o teu viço agreste e o teu aroma
de virgens selvas e de oceano largo!
Amo-te, ó rude e doloroso idioma,

em que da voz materna ouvi: "Meu filho!",
e em que Camões chorou, no exílio amargo,
o gênio sem ventura e o amor sem brilho.

☆ *Rio de Janeiro/RJ, 1865*
✝ *Rio de Janeiro/RJ, 1918*

Borboleta

Hernani de Carvalho Schmitt

Borboleta sutil. Doida de amor. Inquieta
devaneadora exul por sóis deslumbradores.
As tuas asas que são de irisados fulgores
"lembram sonhos de amor no coração de um poeta".

No vórtice pagão dos teus carnais amores,
em ti filosofando, a minha alma interpreta
o bem que hás de trazer, e a luxúria indiscreta
dos teus beijos fecundos explodindo em flores.

Tonta de amor e de erotismo tonta, incertas
são as voltas que dás, e vais, sinuosamente,
o perfume aspirando em perenal adejo.

E nas bocas sensuais das corolas abertas,
tens o espasmo do amor, e morres, languemente,
no supremo langor do teu último beijo.

☆ *Alegrete/RS, 1897*
✝ *Alegrete/RS, 1967*

A UMA CORTESÃ

Eustáquio de Azevedo*

A luz do teu olhar que audaz cintila,
iluminou minh'alma enregelada,
naquela noite olente e constelada
em que me viste, em que eu te vi, Dalila!

Tinhas da Vésper que no céu rutila
o fulgurante brilho e a graça iriada!...
E eu, ao te ver assim, bela, adorada,
oh! como te estimei, mulher d'argila!

No coração, porém, só tinhas... lodo!
O meu amor arrefeceu de todo...
E ao saber que, sem pejo, te vendias,

eu também te comprei! Paguei-te à vista
e saí enojado da conquista
trescalando ao perfume das orgias!

☆ *Belém/PA, 1867*
✝ *Belém/PA, 1943*

---

* Poeta brasileiro, autor de *Musa ecléctica*. Belém, 1909.

Soneto

Junqueira Freire

Arda de raiva contra mim a intriga,
morra de dor a inveja insaciável;
destile seu veneno detestável
a vil calúnia, pérfida, inimiga.

Una-se todo em traiçoeira liga,
contra mim só o mundo miserável;
alimente por mim ódio entranhável
o coração da terra que me abriga.

Sei rir-me da vaidade dos humanos;
sei desprezar um nome não preciso;
sei insultar uns cálculos insanos.

Durmo feliz sobre o suave riso
de uns lábios de mulher gentis, ufanos;
e o mais que os homens dão, desprezo e piso.

☆ *Salvador/BA, 1832*
✝ *Salvador/BA, 1855*

BEATRIZ

Humberto de Campos

Bandeirante a sonhar com pedrarias
Com tesouros e minas fabulosas,
Do amor entrei, por ínvias e sombrias
Estradas, as florestas tenebrosas.

Tive sonhos de louco, à Fernão Dias...
Vi tesouros sem conta: entre as umbrosas
Selvas, o mundo encontrei, e o ônix, e as frias
Turquesas, e esmeraldas luminosas...

E por eles passei. Vivi sete anos
Na floresta sem fim. Senti ressábios
De amarguras, de dor, de desenganos.

Mas voltei, afinal, vencendo escolhos,
Com o rubi palpitante dos seus lábios
E os dois grandes topázios dos seus olhos!

☆ *Miritiba/MA, 1886*
✝ *Rio de Janeiro/RJ, 1934*

A PERNA

Luís Delfino

Esta é bem como o limiar augusto
de Éden, em que ninguém ainda há vivido:
que causa, a quem quer ir, terror e susto,
pois guarda-o um anjo de clarões vestido.

Quem o caminho dele sabe ao justo?
O carreiro das rosas é sabido;
das pombas brancas ao pombal hei ido:
mas... como ao paraíso ir mesmo a custo?

E todavia aquela perna indica
que muito longe dela o céu não fica:
tentar, como um Titã de um raio em troco?

Aquela ponte de marfim maciço
passar, subir... quem pode fazer isso?
Um louco? – Eu vou... Quem há do que eu mais louco?

☆ *Florianópolis/SC, 1834*
✝ *Rio de Janeiro/RJ, 1910*

Sua mão

Onestaldo de Pennafort

A mão do meu suave amor é leve
como uma asa de pássaro a voar...
Tem todas essas curvas que descreve,
pelas areias úmidas, o mar...

De longe, às vezes, num adejo breve,
a alma me afaga, me afagando o olhar...
Mão que se cobre de um alvor de neve
se acaso tento os dedos seus beijar!

Ninguém diria que essa mão serena,
que tanta força tem, sendo pequena,
pode, num gesto de emoções febris,

mudar o curso das eternidades,
desmoronar impérios e cidades,
erguer montanhas... me fazer feliz!

☆ *Rio de Janeiro/RJ, 1902*
✝ *Rio de Janeiro/RJ, 1987*

SEIOS

Hildo Rangel

Teus seios pequeninos que em surdina,
pelas noites de amor, põem-se a cantar,
são dois pássaros brancos que o luar
pousou de leve nessa carne fina.

E sempre que o desejo te alucina,
e brilha com fulgor no teu olhar,
parece que teus seios vão voar
dessa carne cheirosa e purpurina.

Eu, para tê-los sempre nesta lida,
quisera, com meus beijos, desvairando,
poder vesti-los, através da vida,

para vê-los febris e excitados,
de bicos rijos, ávidos, rasgando,
a seda que os trouxesse encarcerados.

☆ *Porto Alegre/RS, 1897*
✞ *Rio de Janeiro/RJ, 1940*

MÃOS

Cruz e Sousa

Ó mãos ebúrneas, mãos de claros veios,
esquisitas tulipas delicadas,
lânguidas mãos sutis e abandonadas,
finas e brancas, no esplendor dos seios.

Mãos etéricas, diáfanas, de enleios,
de eflúvios e de graças perfumadas,
relíquias imortais de eras sagradas,
de antigos templos de relíquias cheios.

Mãos onde vagam todos os segredos,
onde dos ciúmes tenebrosos, tredos,
circula o sangue apaixonado e forte.

Mãos que eu amei, no féretro medonho
frias, já murchas, na fluidez do Sonho,
nos mistérios simbólicos da Morte!

☆ *Nossa senhora do Desterro – Florianópolis/SC, 1861*
✞ *Curral Novo – Antônio Carlos/MG, 1898*

ÍNDICE DE SONETOS

Agonia – *Alceu Wamosy* 44
A Carolina – *Machado de Assis* 24
A Cortesã – *Rodrigo Beça* 56
Alma minha gentil que te partiste – *Luís de Camões* 18
Ai Nise amada... – *Cláudio Manuel da Costa* 11
Amar – *Florbela Espanca* 6
A minha dor – *Florbela Espanca* 53
Amor é um fogo que arde sem se ver – *Luís de Camões*... 4
À morte de uma formosa dama – *Manuel Maria du Bocage* 38
A perna – *Luís Delfino* 85
Argumento de defesa – *Bastos Tigre* 52
Aspirações – *José Bonifácio (O Moço)* 70
A uma cortesã – *Eustáquio de Azevedo* 82
Beatriz – *Humberto de Campos* 84
Beijos mortos – *Martins Fontes* 34
Borboleta – *Hernani de Carvalho Schmitt* 81
Com pesadas cadeias manietado – *Tomás Antônio Gonzaga* 73
Contrassenso – *Marta de Mesquita da Câmara* 35
Coração frio – *Augusto dos Anjos* 49
Corrida de amor – *Vicente de Carvalho* 75
Demoníaca – *Alceu Wamosy* 59
Duas almas – *Alceu Wamosy* 36
Enganei-me, enganei-me – paciência – *Tomás Antônio Gonzaga* 15
Estela e Nise – *Alvarenga Peixoto* 74
Ester – *Castro Alves* 68
Eu – *Florbela Espanca* 37
Eu que tenho no olhar... – *Guerra Junqueiro* 26
Eu vi a linda Jônia... – *Alvarenga Peixoto* 13

Falando com Deus – *Jerônimo Baía* 7
Folha solta – *Vicente de Carvalho* 31
Formosa – *Maciel Monteiro* 19
Grande amor – *Cruz e Sousa* 62
Hão de chorar por ela os cinamomos... – *Alphonsus de Guimaraens* 66
História antiga – *Raul de Leoni* 61
Improviso – *Francisco Moniz Barreto* 72
Inconstância – *Florbela Espanca* 46
Já, Marfiza cruel, me não maltrata – *Basílio da Gama* ... 12
Kosmos – *Goulart de Andrade* 65
Libelo – *Hildo Rangel* 60
Lindo e sutil trançado, que ficaste – *Luís de Camões* 32
Língua portuguesa – *Olavo Bilac* 80
Maldição – *Olavo Bilac* 29
Mãos – *Cruz e Sousa* 88
Marieta – *Castro Alves* 25
Mea culpa – *Guimarães Passos* 57
Miserável – *Artur Azevedo* 50
Nascemos para amar; a humanidade – *Manuel Maria du Bocage* 79
Ninguém nas asas da mais leve aragem – *Adélia Fonseca* 10
No Cárcere – *Olavo Bilac* 20
Nós – *Silva Ramos* 27
Os anjos da meia-noite – *Castro Alves* 45
O seu nome – *João de Deus* 22
Por decoro – *Artur Azevedo* 40
Refletindo sobre a instabilidade da condição humana – *Manuel Maria du Bocage* 42
Remorso – *Olavo Bilac* 41
Retratar a tristeza... – *Marquesa de Alorna* 16
Saudade – *Augusto dos Anjos* 43
Seios – *Hildo Rangel* 87
Se tu viesses ver-me – *Florbela Espanca* 14
Só a morte – *Medeiros e Albuquerque* 51

Socorrei-me, Senhor... – *Santa Rita Bastos* 17
Soneto – *Carvalho Júnior* 55
Soneto – *Filinto Elísio* 9
Soneto – *Francisco Otaviano* 21
Soneto – *Álvares de Azevedo* 23
Soneto – *Nunes Claro* 33
Soneto – *Augusto dos Anjos* 39
Soneto – *Fagundes Varela* 69
Soneto – *Gonçalves Dias* 71
Soneto – *José Pedro Soares* 76
Soneto – *Junqueira Freire* 83
Soneto decadente – *Medeiros e Albuquerque* 67
Soneto já antigo – *Fernando Pessoa* 47
Sua mão – *Onestaldo de Pennafort* 86
Supremo enleio – *Florbela Espanca* 30
Transit – *Artur Azevedo* 28
Última Deusa – *Alberto de Oliveira* 64
Último soneto – *Mário de Sá-Carneiro* 77
Uma amiga – *Antero de Quental* 78
Vai-te, fera cruel, vai-te, inimiga – *Manuel Maria
 du Bocage* 54
Vem – *Artur Azevedo* 58
Versos íntimos – *Augusto dos Anjos* 5
Via Láctea – *Olavo Bilac* 8
Volúpia – *Laura Chaves* 63
Vossos olhos, senhora, que competem – *Luís de
 Camões* 48

ÍNDICE DE POETAS

Adélia Fonseca
    Ninguém nas asas da mais leve aragem 10
Alberto de Oliveira
    Última Deusa... 64
Alceu Wamosy
    Agonia... 44
    Demoníaca.. 59
    Duas almas 36
Alphonsus de Guimaraens
    Hão de chorar por ela os cinamomos... 66
Alvarenga Peixoto
    Estela e Nise 74
    Eu vi a linda Jônia... 13
Álvares de Azevedo
    Soneto 23
Antero de Quental
    Uma amiga 78
Artur Azevedo
    Miserável... 50
    Por decoro 40
    Transit... 28
    Vem.. 58
Augusto dos Anjos
    Coração frio... 49
    Saudade 43
    Soneto 39
    Versos íntimos... 5
Basílio da Gama
    Já, Marfiza cruel, me não maltrata 12
Bastos Tigre
    Argumento de defesa 52
Carvalho Júnior
    Soneto 55

Castro Alves
    Ester 68
    Marieta 25
    Os anjos da meia-noite 45

Cláudio Manuel da Costa
    Ai Nise amada... 11

Cruz e Sousa
    Grande amor 62
    Mãos 88

Eustáquio de Azevedo
    A uma cortesã 82

Fagundes Varela
    Soneto 69

Fernando Pessoa
    Soneto já antigo 47

Filinto Elísio
    Soneto 9

Florbela Espanca
    A minha dor 53
    Amar 6
    Eu 37
    Inconstância 46
    Se tu viesses ver-me 14
    Supremo enleio 30

Francisco Moniz Barreto
    Improviso 72

Francisco Otaviano
    Soneto 21

Gonçalves Dias
    Soneto 71

Goulart de Andrade
    Kosmos 65

Guerra Junqueiro
    Eu que tenho no olhar... 26

Guimarães Passos
    Mea culpa 57

Hernani de Carvalho Schmitt
    Borboleta 81
Hildo Rangel
    Libelo 60
Hildo Rangel
    Seios 87
Humberto de Campos
    Beatriz 84
Jerônimo Baía
    Falando com Deus 7
João de Deus
    O seu nome 22
José Bonifácio (O Moço)
    Aspirações 70
José Pedro Soares
    Soneto 76
Junqueira Freire
    Soneto 83
Laura Chaves
    Volúpia 63
Luís de Camões
    Alma minha gentil que te partiste 18
    Amor é um fogo que arde sem se ver 4
    Lindo e sutil trançado, que ficaste 32
    Vossos olhos, senhora, que competem 48
Luís Delfino
    A perna 85
Machado de Assis
    A Carolina 24
Maciel Monteiro
    Formosa 19
Manuel Maria du Bocage
    À morte de uma formosa dama 38
    Nascemos para amar; a humanidade 79
    Refletindo sobre a instabilidade da condição
    humana 42
    Vai-te, fera cruel, vai-te, inimiga 54

Mário de Sá-Carneiro
  Último soneto.. 77
Marquesa de Alorna
  Retratar a tristeza... 16
Marta de Mesquita da Câmara
  Contrassenso 35
Martins Fontes
  Beijos mortos.. 34
Medeiros e Albuquerque
  Só a morte... 51
  Soneto decadente 67
Nunes Claro
  Soneto 33
Olavo Bilac
  Língua portuguesa 80
  Maldição 29
  No Cárcere.. 20
  Remorso.. 41
  Via Láctea 8
Onestaldo de Pennafort
  Sua mão 86
Raul de Leoni
  História antiga... 61
Rodrigo Beça
  A Cortesã 56
Santa Rita Bastos
  Socorrei-me, Senhor.. 17
Silva Ramos
  Nós... 27
Tomás Antônio Gonzaga
  Com pesadas cadeias manietado....................... 73
  Enganei-me, enganei-me – paciência 15
Vicente de Carvalho
  Corrida de amor... 75
  Folha solta.. 31

COLEÇÃO 96 PÁGINAS

Pequenos livros, GRANDES LEITURAS!